BEI GRIN MACHT SICH IHR WISSEN BEZAHLT

AF144734

- Wir veröffentlichen Ihre Hausarbeit,
  Bachelor- und Masterarbeit

- Ihr eigenes eBook und Buch -
  weltweit in allen wichtigen Shops

- Verdienen Sie an jedem Verkauf

Jetzt bei www.GRIN.com hochladen
und kostenlos publizieren

Bibliografische Information der Deutschen Nationalbibliothek:

Die Deutsche Bibliothek verzeichnet diese Publikation in der Deutschen National-
bibliografie; detaillierte bibliografische Daten sind im Internet über http://dnb.d-
nb.de/ abrufbar.

Dieses Werk sowie alle darin enthaltenen einzelnen Beiträge und Abbildungen
sind urheberrechtlich geschützt. Jede Verwertung, die nicht ausdrücklich vom
Urheberrechtsschutz zugelassen ist, bedarf der vorherigen Zustimmung des Verla-
ges. Das gilt insbesondere für Vervielfältigungen, Bearbeitungen, Übersetzungen,
Mikroverfilmungen, Auswertungen durch Datenbanken und für die Einspeicherung
und Verarbeitung in elektronische Systeme. Alle Rechte, auch die des auszugsweisen
Nachdrucks, der fotomechanischen Wiedergabe (einschließlich Mikrokopie) sowie
der Auswertung durch Datenbanken oder ähnliche Einrichtungen, vorbehalten.

Impressum:

Copyright © 2015 GRIN Verlag, Open Publishing GmbH
Druck und Bindung: Books on Demand GmbH, Norderstedt Germany
ISBN: 978-3-668-13296-2

Dieses Buch bei GRIN:

http://www.grin.com/de/e-book/310220/programmieren-des-arduino-uno-im-
technologie-unterricht

Josef Glas

Programmieren des Arduino Uno im Technologie-Unterricht

GRIN Verlag

GRIN - Your knowledge has value

Der GRIN Verlag publiziert seit 1998 wissenschaftliche Arbeiten von Studenten, Hochschullehrern und anderen Akademikern als eBook und gedrucktes Buch. Die Verlagswebsite www.grin.com ist die ideale Plattform zur Veröffentlichung von Hausarbeiten, Abschlussarbeiten, wissenschaftlichen Aufsätzen, Dissertationen und Fachbüchern.

Besuchen Sie uns im Internet:

http://www.grin.com/

http://www.facebook.com/grincom

http://www.twitter.com/grin_com

Josef Glas
BOS 13uT

Berufliche Oberschule Rosenheim
Schuljahr 2015/2016

Seminararbeit

Auswahl eines Mikrocontroller-Boards zum Erlernen von
Programmiersprachen im Technologieunterricht. Erstellen einer
Kurzanleitung mit einigen Beispielprogrammen.

Abgabetermin: 01.10.2015

Inhaltsverzeichnis

Vorbemerkung

Ziel der Arbeit ist es, ein für den Einsatz im Unterricht geeignetes Mikrocontroller Board auszuwählen, um den Schülern im Technologieunterricht anhand von praktischen Anwendungsbeispielen das Programmieren näher zu bringen. Durch Erstellen einer Kurzanleitung zur Inbetriebnahme des Boards wird ein schneller Einstieg in das Thema ermöglicht. Mit Hilfe von Beispielprogrammen sollen die Schüler Schritt für Schritt in die Programmiersprache und Entwicklungsumgebung des Mikrokontrollers eingeführt werden und durch bereitgestellte Hilfsmittel, z.b. einer Auflistung aller wichtigen Befehle, Aufgaben zunehmend freier bearbeiten. Da es sich bei den Informationen dieser Seminararbeit zum großen Teil um allgemein gültige Angaben aus der Elektrotechnik und Informatik handelt, werden hier in den meisten Fällen sinngemäße Zitate verwendet. Zum besseren Verständnis ist es häufig nötig, Grafiken direkt in den Text einzuarbeiten.

A. Das Mikocontroller Board

Mikrocontroller werden heutzutage in nahezu allen elektronischen Geräten eingesetzt. Egal ob Fernseher, Auto oder Smartphone, keines dieser Geräte würde ohne einen Mikrocontroller funktionieren. Zusätzlich findet die Wissenschaft immer neue, komplexere Anwendungsgebiete und die Zahl der produzierten Chips steigt jährlich. Umso wichtiger ist es, den Schülern bereits im Unterricht grundlegende Kenntnisse im Umgang mit dem Controller beizubringen. Da dieser eigentlich nur ein kleiner Chip mit einer gewissen Anzahl von Pins ist, wäre er in dieser Form für den Einsatz im Unterricht nicht geeignet (siehe Abbildung 1). Deshalb befindet sich der Chip in diesem Fall auf einer Platine. Dort sind sämtliche Schnittstellen leicht zugänglich und beschriftet angebracht.

I. Was ist ein Mikrocontroller?

Ein Mikrocontroller ist ein leistungsfähiges, kompaktes, programmierbares Rechensystem. Er enthält einen Prozessor (CPU), der für die Rechenaufgaben und das Steuern des Controllers zuständig ist. Weiter verfügt ein Mikrocontroller über einen Programmspeicher (FLASH), auf welchem das Programm gespeichert wird und über einen Datenspeicher (RAM), auf dem temporäre Daten abgelegt werden. Darüber hinaus sind digitale und häufig auch analoge Ein-/ und Ausgabe-Ports sowie Kommunikationsbausteine (COM, USB, UART,...) vorhanden. Die Ein-/ Ausgabe-Ports ermöglichen zum Beispiel den Aufbau einer elektronischen, vom Mikrocontroller gesteuerten Schaltung, während die Kommunikationsbausteine zur Herstellung einer Verbindung mit dem Computer verwendet werden. Des Weiteren verfügt ein Mikrocontroller über ein oder mehrere Zeitgeber, wodurch zeitlich geregelte Programme möglich werden. Zusammengefasst lässt sich ein Mikrocontroller daher als Ein-Chip-Mikrocomputer bezeichnen. (Vgl. Mikrocontrollerprogrammierung lernen mit myAVR)

II. Auswahl des Mikrocontroller Boards

Auf dem Markt gibt es sehr großes Angebot unterschiedlicher Mikrocontroller mit verschiedensten Spezifikationen und Einsatzgebieten. Für die Auswahl eines geeigneten Boards wurden in Absprache mit der betreuenden Lehrkraft die wesentlichen Kriterien für den Einsatz des Controllers im Technologieunterricht festgelegt. Zuerst sollte der Preis nicht mehr als 50 Euro betragen, um den finanziellen Aufwand, einen oder mehrere Computerräume der Schule damit auszustatten, möglichst gering zu halten. Als weiteres wichtiges Kriterium wurde der Umfang und die Qualität der Lieferung festgelegt, da bei einer separaten Bestellung der Bauteile für den Aufbau einer Schaltung zusätzliche Kosten entstehen würden und diese nach Möglichkeit vermieden werden sollten. Außerdem musste die Platine auch in geringen Stückzahlen (15 -30 Stück) zu diesem Preis erhältlich und verfügbar sein. Auch sollte der Mikrocontroller in den Sprachen C/C++ oder Visual Basic programmierbar sein. Um das eigenständige Einarbeiten in die Materie zu ermöglichen, war es ein weiterer Aspekt, dass ausführliche Dokumentationen und Fachliteratur über das Projekt frei verfügbar sind. Ferner wurde vorausgesetzt, dass sich der Einstieg in das Arbeiten mit dem Mikrocontroller Board möglichst einfach und schnell bewerkstelligen lässt, da die Schüler nur alle zwei Wochen zwei Unterrichtsstunden Technologie haben. Ansonsten hätte das Arbeiten mit komplexen Boards wenig Aussicht auf Erfolg. Zuletzt sollten die Ein-/Ausgabe-Schnittstellen problemlos für den Aufbau einer Schaltung geeignet sein. Basierend auf diesen Auswahlkriterien kamen drei Mikrocontroller Boards in die engere Auswahl.

Diese sind der Raspberry Pi, das myAVR Board MK2 und der Arduino Uno R3. Das myAVR Board MK2 bietet alle geforderten Funktionen, hat jedoch einen entscheidenden Nachteil. Die Lizenz für den Download der Entwicklungsumgebung sowie das dringend benötigte Benutzerhandbuch sind verhältnismäßig teuer. Damit ist das Arbeiten mit diesem Board zu unwirtschaftlich und kommt deshalb nicht in Frage. Der Raspberry Pi bietet sogar noch wesentlich mehr Funktionen als gefordert. An diesem Punkt ist das jedoch unpassend, da der Umgang mit dieser Platine im Unterricht möglichst simpel gehalten werden soll. Ein umfassender Einstieg in die Welt des Raspberry Pi ist daher in der Schule aus zeitlichen Gründen sehr schwer zu realisieren. (Vgl. Raspbarry Pi vs. Arduino Mikrocontroller Boards). Die Entwicklungsumgebung des Arduino Uno R3 ist im Internet für jeden User zum Download kostenlos zugänglich. Des Weiteren existieren diverse Handbücher, Dokumentationen und Turorials mit deren Hilfe ein Einsieg schnell möglich ist. Zuletzt kann man bei diesem Board ein sehr umfangreiches „Einsteiger-Paket" für 39,99€ auf amazon.de erwerben. Da der Lieferumfang je nach Verkäufer variieren kann wird hier auf dessen Auflistung verzichtet. Für den Einsatz im Unterricht ist der Arduino Uno daher am besten geeignet und wird für die Seminararbeit verwendet.

III. Vorstellung der Hardware

Im Folgenden wird genauer auf die Hardware des Arduino Uno R3 (Abbildung 1) eingegangen und die wichtigsten Bauteile der Platine erklärt.

Um den Arduino mit Strom zu versorgen, gibt es zwei sinnvolle Möglichkeiten. Die Stromversorgungsbuchse(1). Hier muss unbedingt darauf geachtet werden, dass die Eingangsspannung einen Wert zwischen 6 V und 20 V nicht verlässt, da die Platine sonst Schaden nehmen könnte. Die optimale Eingangsspannung liegt zwischen 7 und 12 V. Alternativ kann auch die USB-Buchse(2) verwendet werden. Diese wird abgesehen von der Stromversorgung auch zum

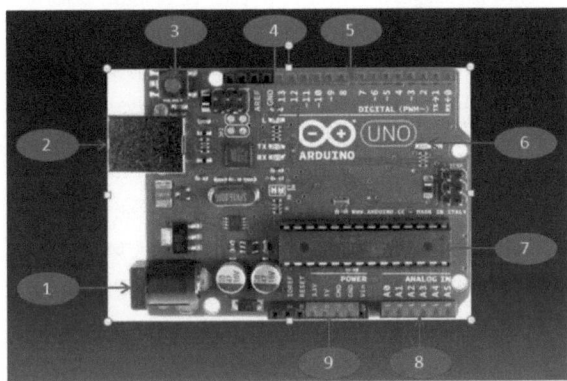

Abbildung 1: Hardware, modifiziert nach URL 1

Übertragen der Software und für den allgemeinen Datenaustausch zwischen dem Arduino und Computer benötigt. Wenn der Reset-Taster(3) betätigt wird, startet sich das Board neu und beginnt mit der Abarbeitung des auf dem Mikrocontroller gespeicherten Programms von vorne. Das Drücken des Tasters kann nützlich sein, wenn der Arduino scheinbar nicht mehr reagiert, normalerweise wird es jedoch nur in seltenen Fällen nötig sein. Unter (4) sind drei LEDs zu erkennen. Die mit L bezeichnete LED ist die sogenannte Benutzer-LED. Sie eignet sich zur Fehlersuche und zu Kontrollzwecken und kann mit einem passenden Befehl auf „HIGH" oder „LOW" also „Ein" oder „AUS" geschaltet werden. Die mit RX (Englisch, abgekürzt für Receiver) beschriftete LED leuchtet immer dann kurz auf, wenn der Arduino Daten vom Computer empfängt. Die mit TX (Englisch, abgekürzt für Transmitter) LED leuchtet immer, wenn das Board Daten an den Computer sendet. Die Pins 0-13 (5) sind die Digitalen Ein- und Ausgänge des Arduino. Die Pins 0 und 1 sind ebenfalls mit TX und RX gekennzeichnet. Man könnte über diese Pins eine serielle Datenübertragung mit anderen Bauteilen herstellen, doch es ist davon abzuraten diese Pins überhaupt zu verwenden. Da der Arduino Uno nur über eine serielle Schnittstelle verfügt und diese bereits intern mit dem USB-Anschluss verbunden ist, könnte dies Störungen verursachen. Digitale Ein- und Ausgänge können nur zwei Werte annehmen, nämlich „HIGH" (5V) und „LOW" (0V). Das Board verfügt über 6 Pins mit denen eine Pulsweitenmodulation(PWM) möglich ist. Diese sind alle durch ein ~ vor der Pin Nummer gekennzeichnet. Mit Hilfe der PWM ist es möglich, Spannungswerte zwischen 0V und 5V stufenlos zu simulieren und dadurch z.B. eine LED zu dimmen. Die Power LED (6) zeigt an ob der Arduino mit einer Spannungsquelle verbunden ist. Der Mikrocontroller ATmega328 (7) der Firma Atmel ist das Herzstück des Arduino Uno. Es handelt sich hier um einen 8-Bit Mikrocontroller mit einer maximalen Taktfrequenz von 20MHz. Die fünf analogen Input Pins (8) A0 bis A5 können angelegte Spannungen zwischen 0V und 5 V auswerten. Dieser Spannungswert wird intern in eine Zahl zwischen 0 und 1023 umgewandelt. Dadurch wird es möglich, zum Beispiel den Stellwert eines Potentiometers abzufragen und damit weiter zu arbeiten. Das Arbeiten mit analogen Werten wird später eingehender behandelt. Die mit (9) gekennzeichneten Pins dienen in erster Linie zum Aufbau von Schaltungen. Sobald der Arduino mit einer Stromversorgung verbunden ist, liegt an den beiden Spannungs-Pins (5V/3,3V) die jeweilige Spannung geregelt an. Diese kann nun abgegriffen und zur Versorgung externer Bauteile, beispielsweise von Sensoren, Motoren, LEDs oder Ähnlichem verwendet werden. Es ist immer darauf zu achten, dass niemals Spannung an einen der beiden Ausgänge angelegt wird, da sonst das Board zerstört werden kann. Der mit GND (Englisch, abgekürzt für Ground) beschriftete Pin ist der Bezugspunkt für alle Spannungen auf dem Arduino Board. Er ist zugleich der Minuspol der Stromversorgung und entspricht damit dem Spannungswert 0V. (vgl. Knapp,2014,54-64)

B. Kurzanleitung zum Programmieren des Mikrocontrollers

Der nächste Abschnitt widmet sich einer Kurzanleitung mit deren Hilfe der Einstieg in die Welt des Arduino schnell und einfach möglich sein soll.

I. Erklärung der Entwicklungsumgebung

Bei der Entwicklungsumgebung des Arduino Uno, sowie allen anderen Arduino Boards, handelt es sich um die gleichnamige Software Arduino. Die aktuelle Version steht im Internet unter *https://www.arduino.cc/en/Main/Software* kostenlos zum Download bereit. Beim ersten Ausführen der Software müssen zuerst zwei kurze Einstellungen vorgenommen werden, bevor der Mikrocontroller programmiert werden kann. Zunächst wird der Arduino über einen USB- Stecker mit dem Computer verbunden und anschließend die Software ausgeführt.

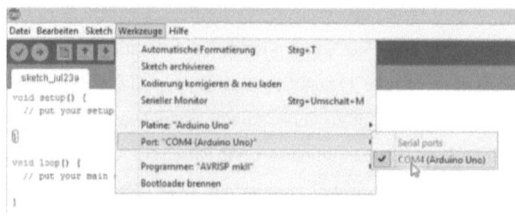

Danach muss über die Registerkarte „Werkzeuge" der serielle Port, über welchen der Arduino mit dem Computer verbunden ist, ausgewählt werden. Dies ist in den meisten Fällen der COM3 oder höher (Abbildung 2).

Abbildung 2: Auswahl des Ports

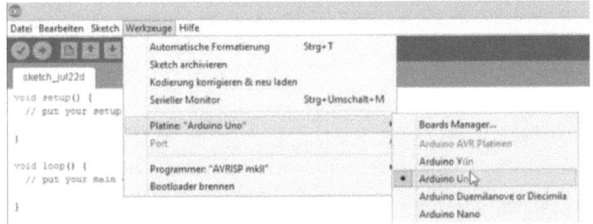

Abbildung 3: Auswahl der Platine

Anschließend ist es nötig, ebenfalls über die Registerkarte „Werkzeuge", die richtige Platine auszuwählen. In diesem Fall ist dies der Arduino Uno (Abbildung 3).

Im Anschluss werden nun die wichtigsten Bestandteile der IDE (Englisch, abgekürzt für Integrated Development Environment) kurz vorgestellt und ihre Funktion genauer erläutert (Abbildung 4).

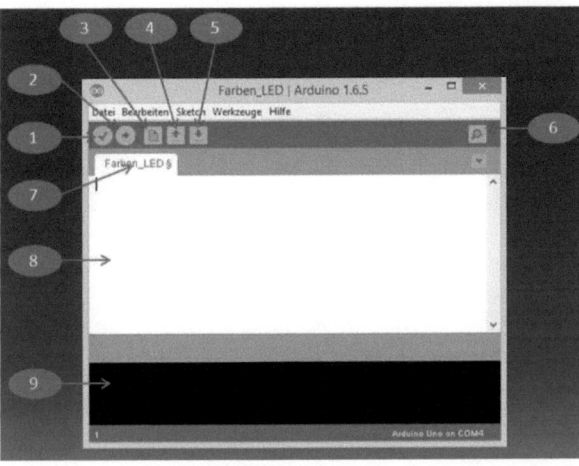

Abbildung 4: Entwicklungsumgebung

Durch das Betätigen der mit (1) gekennzeichneten Schaltfläche „Verifizieren" wird der eingegebene Code kompiliert[1]. Es werden, falls vorhanden, Fehler in der Syntax erkannt und anschließend im „Nachrichtenbereich" (9) angezeigt. Beim Anklicken einer Fehlermeldung wird die betreffende Zeile im Code graphisch hervorgehoben. Die Betätigung des „Hochladen" Buttons (2) bewirkt, dass der Code auf den Arduino übertragen und dort im Programmspeicher festgehalten wird. Auch in diesem Fall wird das Programm zuerst kompiliert und aufgetretene Fehler angezeigt. „Neu" (3) bewirkt das Öffnen einen neuen Code-Fenster-Tabs. Mit Hilfe der Taste „Öffnen" (4) lassen sich bereits vorhandene Sketches öffnen und nach Belieben weiter bearbeiten. Durch Betätigen von „Speichern" (5) wird das aktuell geöffnete Programm abgespeichert. Der „Serial Monitor" (6) ist ein nützliches Werkzeug beim Programmieren des Arduino. Er kann sehr effizient zum Debuggen[2] verwendet werden, da auf ihm über eine serielle Verbindung Informationen, welche vom Arduino gesendet werden, ausgegeben werden können. Es kann beispielsweise der Wert einer sich ständig ändernden Variable ausgegeben und dadurch überprüft werden. Unter (7) findet man den aktuellen Namen des

---

[1] In Maschinensprache übersetzt, damit der Mikrocontroller damit arbeiten kann.
[2] Fehlersuche in Programmen

Sketches. Wird er nicht geändert, so wird das Programm beim nächsten Speichern auch unter diesem Namen auf der Festplatte abgelegt. Im „Codebereich" (8) wird das Programm geschrieben.

II. Einführung in die Programmiersprache

Bei der Programmiersprache, die beim Arbeiten mit dieser Entwicklungsumgebung eingesetzt wird, handelt es sich um eine abgeänderte und teilweise stark vereinfachte Version der „Sprache C". Häufig ist es der Fall, dass mehrere Befehle in C, die gemeinsam eine gewisse Aktion hervorrufen, unter einem simplen Befehl in dieser NXC (Englisch, abgekürzt für Not exactly C) Version zusammengefasst sind. Dies hat einerseits den Vorteil, dass Schüler bereits nach einer kurzen Einarbeitungszeit erste funktionierende Programme selbst schreiben können. Andererseits verhindert das Arbeiten mit dieser Sprache auch, dass der Schüler tiefer in die Sprache C einsteigt und den Ablauf komplexerer Programme näher kennenlernt.

1) Aufbau eines Sketches

Programme werden in der Entwicklungsumgebung Arduino als „Sketch" bezeichnet. Dieser besteht aus mindestens zwei Teilen. Beim Öffnen eines neuen Sketches erscheinen diese beiden Teile automatisch:

```
void setup()
{
 Anweisungen;
}
void loop()
{
 Anweisungen;
}
```

Die setup() Funktion wird beim Start des Programms nur einmal durchlaufen. Hier werden die im Programm verwendeten Pins des Arduino entweder als Eingang oder Ausgang definiert. Zusätzlich kann über den setup() Teil eine serielle Kommunikation mit dem Computer initialisiert werden. Diese lässt sich anschließend über den seriellen Monitor optisch darstellen.

Der loop() Teil des Sketches wird in einer Endlosschleife ständig wiederholt. In diesem Teil wird der Code geschrieben. Durch das ständige Wiederholen der Schleife ist es möglich, durch Veränderung von Variablen[3], Änderungen im Programmablauf zu erreichen.

Variablen sollten im besten Fall bereits vor dem Setup Teil deklariert[4] werden. Zwar ist eine Deklaration auch im loop() Teil möglich, allerdings ist die Variable dann auch nur in dieser Funktion verwendbar. Die setup() Funktion hat in diesem Fall keinen Zugriff auf die Variable. Dies kann zu Fehlern führen und ist daher grundsätzlich zu vermeiden.

---

[3] Mehr zu Variablen und Datentypen unter 2)
[4] festgelegt

Beispiel:

```
int LED_Pin = 12;
void setup()
{
pinMode(LED_Pin,OUTPUT);
}
void loop()
{
digitalWrite(LED_Pin,HIGH);
delay(1000);
digitalWrite(LED_Pin,LOW);
delay(1000);
}
```

Hier wird zuerst eine Integer Variable mit dem Namen LED_Pin deklariert und bekommt anschließend den Wert 12 zugewiesen. Mit der Funktion pinMode() wird der LED_Pin, also der Pin 12 des Arduino als Output-Pin festgelegt. Das bedeutet, dieser Pin wird in diesem Programm dazu verwendet, eine Spannung (5V) auszugeben. Anschließend wird in der loop() Funktion der Befehl digitalWrite() benutzt um den LED_Pin auf HIGH zu schalten. Bei Ausführung des Programms liegen nun 5V am Pin 12 des Arduino an. Eine angeschlossene LED würde nun leuchten. Mit Hilfe des delay Befehls wird dem Mikrocontroller mitgeteilt, dass er an dieser Stelle des Programms 1000 Millisekunden warten soll. Nach Ablauf dieser Zeit wird der Pin 12 durch erneute Verwendung des digitalWrite() Befehls auf LOW geschaltet. Nun liegt an diesem Pin keine Spannung, also 0V, an. Dieses Programm würde in der Ausführung eine angeschlossene LED im Sekundentakt ein- und ausschalten.

2) Variabeln, Datentypen und Operatoren

Um mit Daten arbeiten zu können, „benötigt man eine Art Behälter, in dem diese Daten abgelegt und jederzeit wieder herausgeholt werden können" (Wolf 2012,52). Diese Aufgabe übernehmen in der Informatik die Variablen. Wenn eine Variable deklariert wird, so geschieht das immer in Verbindung mit einem Datentyp. Dieser gibt Aufschluss darüber, wie der Inhalt einer Variable zu verstehen ist, also ob es sich zum Beispiel um eine ganze Zahl, eine Gleitpunktzahl[5] oder ein Zeichen beziehungsweise einen Text handelt. Datentypen verfügen immer über einen gewissen Wertebereich. „[Diesen] kann man sich als einen Bereich auf einer numerischen Skala mit einem Anfangswert und einem Endwert vorstellen. Der entsprechende Wertebereich kennt nur Werte zwischen diesem Anfangswert und diesem Endwert"(Wolf 2012, 53). In der nachfolgenden Tabelle sind alle für die Programmierung mit dem Arduino benötigten Datentypen inklusive deren Speicherbedarf aufgelistet.

---

[5] Zahl mit Nachkommastellen

Datentyp	Speicherbedarf	Wertebereich von...	Wertebereich bis...	Verwendung
char	8 Bit	-128	+127	ganze Zahlen, Zeichen
int	16 Bit	-32768	+32767	ganze Zahlen
long	32 Bit	-2.147.483.648	+2.147.483.647	ganze Zahlen
float	32 Bit	1.2E-38	3.4E+38	Gleitpunktzahlen

Tabelle 1(vgl. Wolf 2012,1)

Es existieren in der Programmiersprache C noch wesentlich mehr Datentypen, doch da diese für diesen Anwendungsfall überflüssig sind, wird hier auf deren Auflistung verzichtet.

Um einer Variable einen bestimmten Wert zuzuweisen, benötigt man den Zuweisungsoperator „=".

Beispiel:

int var = 16;

Hier wird einer Variable „var" der Wert 16 zugewiesen. Alle Anweisungen müssen immer mit einem Semikolon abgeschlossen werden, da sonst beim Kompilieren des Programms Fehler auftreten.

Häufig ist es nötig, Werte von Variablen miteinander zu vergleichen oder logisch miteinander zu verknüpfen, zum Beispiel um die Bedingung einer if-Funktion[6] zu überprüfen. Für diesen Zweck gibt es verschiedene Operatoren mit deren Hilfe sich diese Vorgänge durchführen lassen. In der folgenden Tabelle sind alle wichtigen Operatoren und deren Bedeutung aufgeführt.

Operator	Bedeutung
a == b	Wahr, wenn a gleich b
a < b	Wahr, wenn a kleiner als b
a <= b	Wahr, wenn a kleiner oder gleich b
a > b	Wahr, wenn a größer als b
a>=b	Wahr, wenn a größer oder gleich b
a != b	Wahr, wenn a ungleich b
&&	Und
||	Oder
!	Nicht

Tabelle 2(vgl. Wolf 2012,117)

---

[6] Mehr zu Befehlen und Funktionen unter 3)

3) Wichtige Befehle und Funktionen

Um Programme schreiben zu können, bedient man sich unterschiedlicher Befehle und Funktionen. Es gibt in der Programmiersprache des Arduino einige Funktionen die im klassischen C nicht existieren. Im Anschluss werden alle wichtigen Befehle und Funktionen, die beim Arbeiten mit dem Arduino in der Schule nötig sein können, aufgelistet und erklärt. Alle mit (A) gekennzeichneten Elemente kommen nur bei der Programmierung des Arduino zum Einsatz und können im klassischen „C" nicht verwendet werden.

Nr.	Element	Syntax	Beispiel	Erklärung

1	if-Verzweigung	if(Bedingung){
		 Anweisung(en);
		 }
			if(a < b){
			 a = a+b;
			 }
				Die Bedingung der if-Verzweigung wird überprüft. Wenn diese wahr ist, wird die Anweisung zwischen den geschweiften Klammern ausgeführt. Wenn nicht, wird die Anweisung übersprungen.

2	if-else-Verzweigung	if(Ausdruck){
		 Anweisung(en);
		 }
		 else{
		 Anweisung(en);
		 }
			if(a == b){
			 a = a+1;
			 }
			 else{
			 a = a-1;
			 }
				Die Bedingung der if-Funktion wird überprüft. Ist diese wahr, wird die Anweisung in den geschweiften Klammern darunter ausgeführt. Ansonsten wird die Anweisung in den geschweiften Klammern des else Anweisungsblocks ausgeführt.

3	if-else-if-else-Verzweigung	if(Bedingung){
		 Anweisung(en);
		 }
		 else if(Bedingung){
		 Anweisung(en);
		 }
		 else{
		 Anweisung(en);
		 }
			if(a < b){
			 x = b - a;
			 }
			 else if(a >b){
			 x = a - b;
			 }
			 else{
			 x = 0;
			 }
				Ist die if-Bedingung wahr, wird der entsprechende Anweisungsblock ausgeführt. Ist sie jedoch nicht wahr, so wird die else-if Bedingung überprüft. Ist diese wahr, wird deren Anweisungsblock ausgeführt. Ist auch dieses Ergebnis unwahr, so wird als letzte Alternative die Anweisung der else-Bedingung ausgeführt.

4	while-Schleife	while(Bedingung){
		Anweisung(en);
		}
			while(a < b){
			a = a+1;
			}
				Die Anweisung(en) in den geschweiften Klammern werden so lange wiederholt, bis die Bedingung im Schleifenkopf unwahr ist. Vor jedem Schleifendurchlauf wird die Bedingung im Schleifenkopf erneut überprüft.

5	do-while-Schleife	do{
		Anweisung(en);
		}while(Bedingung);
			do{
			a = a+1;
			}while(a < 10);
				Zuerst wird die Anweisung in den geschweiften Klammern ausgeführt. Anschließend wird die Schleifenbedingung überprüft. Die Schleife wird so lange erneut durchlaufen, bis die Bedingung unwahr ist.

6	for-Schleife	for(A1;A2;A3){
		Anweisung(en);
		}
			for(int x=1;
			x<10; x+1)
			{
			a = b+x;
			}
				Bei der for-Schleife werden Initialisierung[7](A1), Bedingung(A2) und Veränderung der Schleifenvariable(A3) im Schleifenkopf zusammengefasst. Die Bedingung im Schleifenkopf wird überprüft. Nach dem Schleifendurchlauf wird die Variable verändert und die Bedingung erneut überprüft.

7	Switch-Abfrage	switch(Variable){
		case 1:Anweisung;
		break;
		case 2:Anweisung;
		break;
		default:Anweisung;
		}
			switch(x){
			case1: a=63;
			break;
			case2: a=70;
			break;
			default: a= 0;
			}
				Mit der switch-Abfrage lassen sich viele einzelne Fälle einer Bedingung sehr komfortabel abfragen. In den case-Fallunterscheidungen wird überprüft, ob der jeweilige Ausdruck mit dem der switch-Anweisung übereinstimmt. Ist dies der Fall, wird die jeweilige Anweisung ausgeführt. Jeder Fall muss mit einer „break" Anweisung abgeschlossen werden.

---

[7] Der Variable wird ein Wert zugewiesen.

8	pinMode (A)	pinMode(Pin,Modus);	pinMode(10 , Output);	„pinMode" wird benutzt, um bestimmte Pins des Arduino als „INPUT" oder „OUTPUT" Pins festzulegen.
9	digitalRead (A)	digitalRead(Pin);	x = digitalRead(5);	Dieser Befehl liest den Wert eines festgelegten digitalen Pins aus. Dieser Wert kann entweder „HIGH" also 1 oder „LOW" also 0 sein und in einer passenden Variable gespeichert werden.
10	digitalWrite (A)	digitalWrite(Pin,Wert);	digitalWrite(6, HIGH);	„digitalWrite" setzt einen festgelegten Pin entweder auf das Logiklevel „HIGH"(5V) oder „LOW"(0V)
11	analogRead (A)	analogRead(Pin);	x = analogRead(A1)	Dieser Befehl liest den Spannungswert eines festgelegten analogen Pins aus. Der Spannungswert wird intern in eine Zahl zwischen 0 und 1023 umgewandelt. Dieser Wert kann anschließend in einer Variable gespeichert und für weiteres Arbeiten verwendet werden.
12	analogWrite (A)	analogWrite(Pin,Wert);	analogWrite(9, 170);	Mit Hilfe dieses Befehls lassen sich durch PWM Spannungswerte zwischen 0V und 5V nahezu stufenlos ausgeben. Ein Zahlenwert von 0 generiert eine Spannung von 0V während ein Wert von 255 zu einer Ausgabe von 5V führt. Dies funktioniert nur an PWM fähigen, mit ~ gekennzeichneten Pins.
13	delay (A)	delay(ms);	delay(1000);	Der „delay" Befehl bewirkt, dass der Mikrocontroller an dieser Stelle des Programms die vorgegebene Zeit in Millisekunden wartet.

14	Serielle Kommu- nikation (A)	Serial.begin(Rate);	Serial.begin(960 0);	Öffnet den seriellen Port und setzt die Datenrate für die serielle Übertragung fest. Dies muss im Setup Teil des Programms erfolgen. 9600 ist der Standartwert der Datenrate.
15	Serielle Komm- unikation (A)	Serial.println(Daten);	Serial.println(x);	Sendet die Daten an den seriellen Monitor und gibt diese dort aus. Es ist derselbe Befehl wie der „Serial.print()" mit dem Unterschied, dass nach jeder Datenübertragung eine neue Zeile begonnen wird.
16	tone (A)	tone(Pin,Frequenz, länge);	tone(6,5500,100);	Mit diesem Befehl ist es möglich, Töne an einem Pin des Arduino auszugeben. Frequenzen unter 31 Hz sind aus technischen Gründen nicht möglich.
17	noTone (A)	noTone(pin);	noTone(8);	Dieser Befehl beendet die Tonausgabe an einem Pin.

Tabelle 3 (vgl. Wolf 2012, 337/Kainka, Arduino Befehlsliste)

Es gibt noch eine Reihe weiterer Befehle, die beim Programmieren mit dem Arduino ihre Anwendung finden können. Diese werden jedoch eher bei komplexeren Programmen verwendet und spielen daher beim Programmieren in der Schule eine untergeordnete Rolle. Aus diesem Grund wird hier auf deren Auflistung verzichtet.

C. Beispielprogramme

Nun werden vier Beispielprogramme vorgestellt. Sie sind so konzipiert, dass die Schüler von Programm zu Programm selbständiger daran arbeiten können, um einen möglichst großen Lernerfolg zu erlangen. Alle Beispielschaltungen werden auf einem Breadboard aufgesteckt und über Drahtbrücken mit dem Arduino verbunden. Ein Breadboard ist eine Steckplatine, auf welcher im Gegensatz zu gewöhnlichen Platinen, die Bauteile und Verbindungen nicht festgelötet sondern nur aufgesteckt werden. Dies hat den Vorteil, dass Schaltungen sehr schnell und einfach verändert oder neu aufgebaut werden können.

I. Eine LED schalten

<u>Ziel:</u> Eine LED soll durch Drücken eines Tasters für fünf Sekunden leuchten und anschließend wieder erlöschen bis der Taster erneut gedrückt wird.

<u>Aufbau:</u>

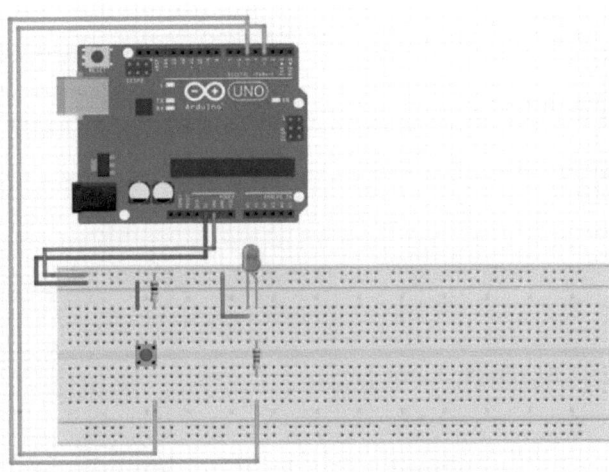

Zunächst muss die Schaltung gemäß der nebenstehenden Darstellung (Abbildung 5) aufgebaut werden. Der Widerstand des Schalters hat einen Wert von 10 Kiloohm, der Vorwiderstand der LED 330 Ohm.

Abbildung 5: Eine LED schalten

<u>Tipp:</u> Verwenden Sie folgende Befehle aus Tabelle 3: 2,8,9,10,13

<u>Zusatz:</u> Ergänzen Sie das Programm so, dass der Wert der Variable „wert" ständig über den seriellen Monitor ausgegeben wird.

<u>Tipp:</u> Verwende folgende Befehle aus Tabelle 3: 14,15.

II. Farb LED

Ziel: Eine LED mit 3 Farben (rot, grün, blau) soll so programmiert und angeschlossen werden, dass sich durch Drehen eines Potentiometers möglichst viele (mindestens 6) Farben darstellen lassen.

Aufbau:

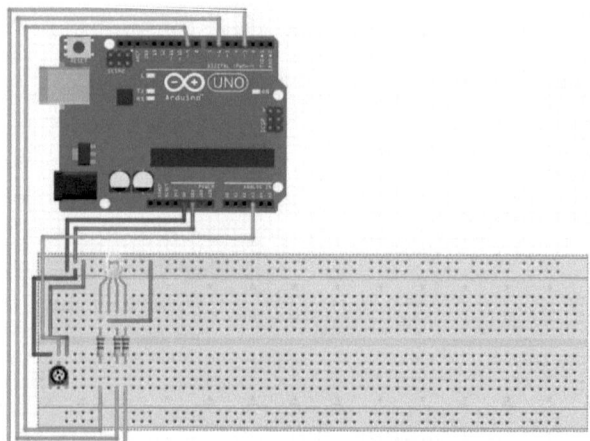

Erstellen sie hierzu zunächst eine Schaltung gemäß der nebenstehenden Darstellung (Abbildung 6).

Abbildung 6: Farb LED

Tipp: Verwenden Sie folgende Befehle aus Tabelle 3: 3oder7,8,11,12,14. Um die einzelnen Farben darzustellen, geben sie unterschiedliche Spannungswerte mit Hilfe von PWM über den Befehl „analogRead" auf die einzelnen Farben der LED aus.

III. Reihen LEDs

Ziel: Acht LEDs sollen durch Drehen an einem Potentiometer der Reihe nach an- und wieder aus-geschaltet werden können. Es soll nie mehr als eine LED leuchten. Jedes Mal wenn eine LED erlischt, leuchtet entweder die LED links oder rechts von ihr (je nach Drehrichtung des Potentiometers) auf. Es leuchtet immer genau eine der acht LEDs.

Aufbau 1:

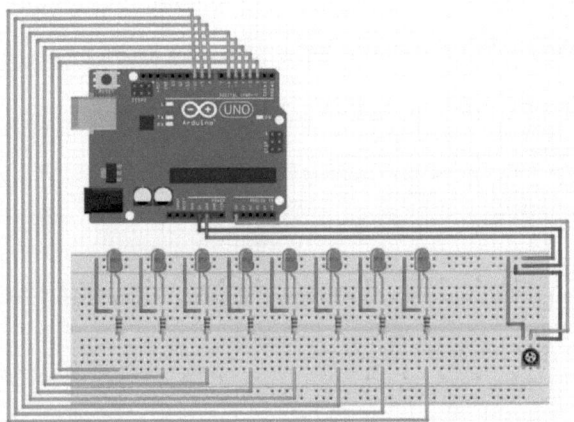

Erstellen Sie eine Schaltung gemäß der nebenstehenden Darstellung (Abbildung 7). Alle verwendeten Widerstände haben einen Wert von 330 Ohm.

Abbildung 7: Reihen LEDs

Ergänzen Sie die Programmvorlage so, dass die oben geforderten Funktionen gegeben sind.

Tipp: Ergänzen Sie die switch-Verzweigung und ändern Sie in jedem der Fälle die Zustände der LEDs.

Zusatz: Das Programm soll so ergänzt werden, dass solange ein Taster gedrückt wird, die LEDs von links nach rechts und von rechts nach links der Reihe nach automatisch aufleuchten und wieder erlöschen.

Aufbau 2:

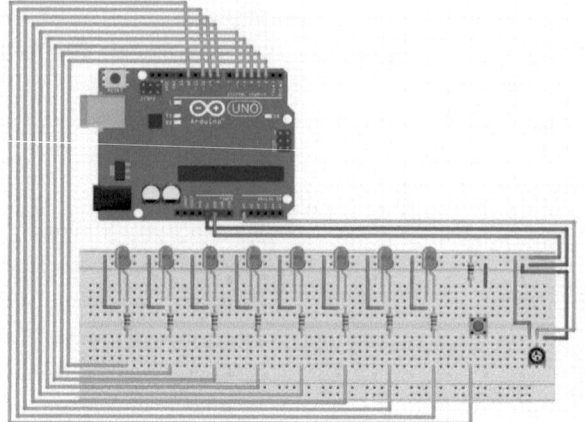

Ergänzen Sie die Schaltung gemäß der nebenstehenden Darstellung (Abbildung 8). Der Widerstand am Schalter hat einen Wert von 10 Kiloohm.

Abbildung 8: Reihen LEDs Zusatz

Tipp: Verwenden Sie folgende Befehle und Funktionen der Tabelle 3: 2,8,9,10,13. Deklarieren Sie außerdem zwei neue Variable und setzten sie einen neuen digitalen Eingangs Pin.

IV. Motorsteuerung

Ziel: Über ein Drehpotentiometer soll die Geschwindigkeit eines 5V Gleichstrom Motors geregelt werden können. Durch Drücken eines Tasters (hier soll ein Notaus simuliert werden) soll es möglich sein, den Motor, unabhängig von seiner momentanen Geschwindigkeit, sofort anzuhalten. Es soll erst wieder möglich sein ihn zu starten, nachdem das Potentiometer wieder zurück auf 0 gestellt wurde.

Aufbau 1:

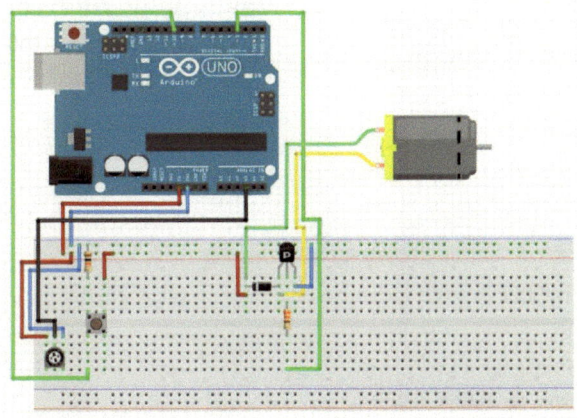

Erstellen Sie eine Schaltung gemäß der nebenstehenden Darstellung (Abbildung 9). Der Widerstand am Schalter hat einen Wert von 10 Kiloohm, der am Transistor 330 Ohm. Die digitalen Pins sind in der Lage einen Strom von 40 mA auszugeben. Da dies für den ordentlichen Betrieb des Motors nicht ausreichen würde, wird bei dieser Schaltung die Spannungsversorgung vom

Abbildung 9: Motorsteuerung

5V Pin abgegriffen, da dieser einen maximalen Ausgangsstrom von 200 mA liefern kann. Der Motor wird in diesem Fall nicht direkt durch einen digitalen Ausgang des Arduino gesteuert. Deshalb wird in dieser Schaltung ein PnP Transistor eingesetzt. Transistoren können Ströme sehr schnell schalten und sind dadurch PWM fähig. Die Diode wird verwendet, um die Platine vor Schäden durch Induktionsströme zu schützen.

Tipp: Verwenden Sie folgende Befehle aus Tabelle 3: 1,2,4,8,9,11,12,14,15. Der Gleichspannungsmotor benötigt kurzzeitig eine Spannung von mindestens 3,6 V um ordentlich starten zu können.

<u>Zusatz 1:</u> Es sollen zwei LEDs ergänzt werden. Diese sollen anzeigen ob sich der Motor bewegt. Eine soll leuchten, wenn sich der Motor dreht, die andere, wenn der Motor steht.

<u>Aufbau 2:</u>

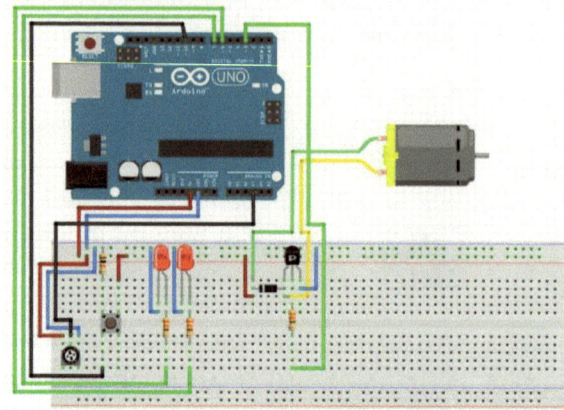

Ergänzen Sie die Schaltung gemäß der nebenstehenden Darstellung (Abbildung 10). Die Vorwiderstände der LEDs haben einen Wert von 330 Ohm.

Abbildung 10: Motorsteuerung Zusatz 1

<u>Tipp:</u> Verwenden Sie folgende Befehle aus Tabelle 3: 2,10

<u>Zusatz 2:</u> Das Programm soll so ergänzt werden, dass ein akustisches Signal ertönt, wenn der Taster betätigt wird. Dieses verstummt erst wieder, wenn das Potentiometer wieder den Wert 0 liefert. Außerdem soll ein lichtabhängiger Widerstand, der hier als Näherungssensor eingesetzt, wird, bei Unterschreiten eines gewissen Helligkeitswerts ebenfalls den Motor abschalten. Auch in diesem Fall soll ein akustisches Signal ertönen. Der Motor kann erst wieder anfahren, wenn der Helligkeitswert wieder über dem Grenzwert liegt und das Potentiometer wieder auf null gestellt wurde.

Aufbau 3:

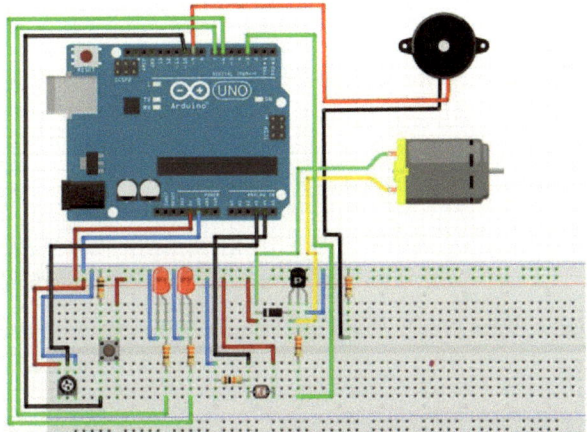

Ergänzen Sie die Schaltung gemäß der nebenstehenden Darstellung (Abbildung 11). Der Widerstand vor dem Lichtsensor hat einen Wert von 10 Kiloohm, der des Piezo Elements[8] 330 Ohm.

Abbildung 11: Motorsteuerung Zusatz 2

Tipp: Verwenden Sie folgende Befehle aus Tabelle 3: 8,11,16,17.

---

[8] Wird hier zur Ausgabe von Tönen verwendet. Das Piezo Element kann jedoch auch zum wahrnehmen von Geräuschen verwendet werden.

D. Aufgetretene Probleme

Während der Ausarbeitung der Arbeit kam es zu einigen nennenswerten Problemen.

Zur Zeit der Bestellung des Arduino Boards streikte die Deutsche Post, was dazu führte, dass die Lieferung zwei Wochen Verspätung hatte. In dieser Zeit konnte praktisch nicht an der Seminararbeit gearbeitet werden. Nach Ankunft des Boards stellte sich sehr schnell heraus, dass die Platine einen Defekt hatte und für die Ausarbeitung der Beispielprogramme nicht geeignet war.

Fehlerbeschreibung:
-Digitale Eingänge führen ein High Signal, obwohl keine Spannung am Pin anliegt.

- Eingangspins führen nach Erschütterungen des Boards zufällige High und Low Signale.

- Digitale Ausgangspins bleiben High, obwohl sie von Seiten des Programms den Wert Low führen sollten

-Digitale Eingänge „flattern" willkürlich. (zufälliges High oder Low bei der Abfrage des Pins. Signal: z.B: 01011010100011101)

Diese Fehler machten ein ordentliches Arbeiten mit dem Mikrocontroller unmöglich, da hier sogar bei einfachen Programmen die gewünschten Ergebnisse nicht erreicht werden konnten. Auch eine vorgegebene Beispielschaltung und das zugehörige Programm aus einem Youtube Tutorial konnten nicht ohne Fehler aufgebaut werden. Aus diesem Grunde wurde der Arduino bei der vertreibenden Firma reklamiert und bei einem anderen Lieferanten bestellt. Durch den Defekt und den Austausch des Gerätes ging eine weitere Woche an Arbeitszeit für die Seminararbeit verloren.

Das dritte Problem trat bei beiden Geräten auf. Auch bei der neuen Platine kam es vor, dass bei einigen Schaltungen digitale Eingänge „flatterten". Zwar war dies wesentlich seltener der Fall als bei dem ersten Arduino, dennoch wurde der Ablauf einiger Programme dadurch negativ beeinflusst. Durch Experimentieren mit der Schaltung war es möglich, nach einiger Zeit eine Lösung für das Problem zu finden. Es zeigte sich, dass es sich hierbei um ein Problem mit der Erdung handelte. In fast allen Fällen ließ sich das „Flattern" der Eingänge durch eine Verbindung des Eingangspins über einen ein Kiloohm Widerstand mit Erde beheben. Hier handelt es sich jedoch nicht um den Ground Pin des Arduino, sondern um eine externe Masse-Verbindung (z.B. Der PE-Anschluss einer Steckdose).

Eine Schaltung zur Abfrage des Wertes eines Schalters müsste dementsprechend so aussehen (Abbildung 12):

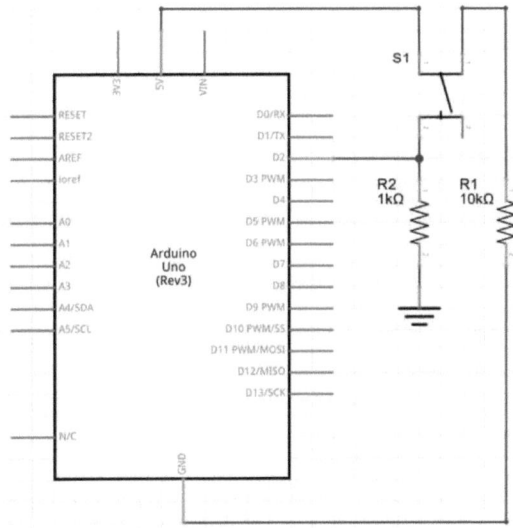

Abbildung 12: Schaltplan Problemlösung

E. Das Programm „fritzing"

Dieses Programm ist ein sehr nützliches Tool wenn es darum geht, Schaltungen (siehe Abbildung 12) oder ein Steckplatinen Layout (siehe Abbildung 5-11) zu erstellen. Auch eine Leiterplatte oder ein Code für ein Arduino Programm können hier modelliert werden. Um den Code anschließend auf einen Mikrocontroller übertragen zu können, ist es jedoch Voraussetzung, dass die zugehörige Entwicklungsumgebung auf dem Computer installiert ist. Das Programm kann kostenlos unter: *http://fritzing.org/download/* heruntergeladen werden. Es enthält eine große Bibliothek in der viele der gängigen Mikrokontroller (u.a. alle Versionen des Arduino) und nahezu alle existierenden elektronischen Bauteile hinterlegt sind. Per Darg and Drop lassen sich die Bauteile mühelos zu beliebigen Schaltungen zusammensetzten. Mit der Maus verknüpft man einzelne Bauteile über Verbindungslinien miteinander. Das Programm ist sehr simpel aufgebaut, so dass man fast keine Einarbeitungszeit benötigt. Die Software ist vor allem für Lehrkräfte im Technologieunterricht ein großer Gewinn, da sich mit ihrer Hilfe schnell und einfach neue Beispielschaltungen und Aufgaben entwerfen lassen.

F. Fazit

Um Schülern das Programmieren näher zu bringen, ist der Arduino Uno eine gute Wahl. Durch die vereinfachte Programmiersprache ist es verhältnismäßig leicht, erste Programme selbst zu schreiben. Das Breadboard eignet sich hervorragend um damit die verschiedensten Schaltungen zu entwerfen oder nachzubauen. Auch Schüler ohne elektrotechnische Erfahrung sind damit in der Lage Schaltungen nach einer Vorlage aufzustecken. Durch diesen schnellen Erfolg werden die Schüler motiviert und können sich Schritt für Schritt eingehender mit dem Thema befassen. Außerdem ist die Platine sehr resistent gegen Kurzschlüsse zum Beispiel durch falsch verdrahtete Schaltungen. Dies ist ein großer Vorteil, da davon ausgegangen werden muss, dass hier manchmal Fehler begangen werden. Weiter existieren im Internet unzählige Dokumentationen, Tutorials und Beispielprogramme, mit deren Hilfe sich interessierte Schüler auch außerhalb des Unterrichts problemlos mit dem Thema auseinandersetzen können. Allerdings ist die vereinfachte Programmiersprache auch ein Nachteil, da man sich dadurch nur oberflächlich mit der Sprache C bzw. C++ befassen kann und ein tieferer Einblick in die fassettenreichen Möglichkeiten des Programmierens verwehrt wird. Das programmieren mit „C" bzw. „C++" im Technologieunterricht zu erlernen wäre daher sehr im Sinne der Schüler, da diese Sprachen bis heute häufig verwendet werden um komplexe Anwendungen oder sogar Betriebssysteme zu erstellen, weil mit ihrer Hilfe sehr mächtige Befehle möglich sind. Ein hierzu geplanter Einstieg in eine zweite Entwicklungsumgebung wurde aber aufgrund des Schwierigkeitsgrades und des zu hohen Zeitaufwands nicht realisiert.

Abbildungsverzeichnis

Literaturverzeichnis

Herold/Lurz/Wohlrab,   Herold H./Lurz B./Wohlrab J.: Grundlagen der Informatik,
2012   München 2012

Knapp,2014   Knapp Markus: Roboter bauen mit Arduino, Bonn 2014

Mikrocontrollerprogra   Mikrocontrollerprogrammierung lernen mit myAVR,
m-mierung, myAVR   Internetpublikation unter:
                          http://einsteiger.myavr.de/index.php?id=5
                          Stand:[13.08.2015]

Raspberry, techuni   Raspberry Pi vs. Arduino Microcontroller Boards,
                          Internetpublikation unter:
                           http://www.techuni.de/computer/raspberry-pi-vs-arduino-microcontroller-boards/
                          Stand:[17.08.2015]

Wolf,2012   Wolf Jürgen: C programmieren Einstieg und Praxis, München 2012

Kainka, Arduino   Kainka Fabian: Befehlsliste Arduino, 2013,
Befehlsliste   Internetpublikation unter:
                          http://fkainka.de/befehlsliste-arduino/
                          Stand:[25.08.2015]

URL 1   http://www.elektor.de/media/catalog/product/cache/2/image/600x/
                          smushed_9df78eab33525d08d6e5fb8d27136e95/A/r/Arduino-Uno-R3_1.jpg

BEI GRIN MACHT SICH IHR WISSEN BEZAHLT

- Wir veröffentlichen Ihre Hausarbeit,
  Bachelor- und Masterarbeit

- Ihr eigenes eBook und Buch -
  weltweit in allen wichtigen Shops

- Verdienen Sie an jedem Verkauf

Jetzt bei www.GRIN.com hochladen und kostenlos publizieren